Marina Buccali

Ti lascio perché... sei troppo sensibile

Ovvero, come sopravvivere serenamente alle assurdità della vita

De Nicchia STYLE

Prima Edizione | Novembre 2016

ISBN | 978-1-326-82553-9

Contact: marina.buccali@hotmail.it
https://www.instagram.com/denicchia

I disegni qui riprodotti sono a cura dell'autore.

A Tommaso,

la mia fortuna, sempre e per sempre

Indice

Capitolo I
Lo tsunami

La mattina dell'8 Aprile mi sono svegliata come al solito, come se niente fosse, sentendomi come ogni giorno la donna più fortunata del mondo. Un figlio meraviglioso di dieci anni, una famiglia unita e soprattutto il compagno migliore del mondo. La sera mi ritrovai ad affrontare una delle notti più lunghe e difficili della mia vita, persa tra i singhiozzi e mille domande senza risposta. Quello che fino a poche ore prima credevo essere l'amore della mia vita, l'uomo con cui sarei invecchiata, se ne era andato. Così. Nel giro di un'ora era tornato a casa e aveva distrutto le poche certezze che avevo faticosamente raggiunto insieme a lui, la mia cieca fiducia e soprattutto la mia dignità. Era letteralmente fuggito, senza dare particolari spiegazioni. Lasciando un'Hiroshima emotiva dietro di lui.

Ci conoscemmo per caso tre anni fa. Fu amore a prima vista. Sì, magari non proprio il classico incontro: entrambi motociclisti (anche se lui guidava un Suzuki miserello e io mi sentivo la regina del mondo in sella alla mia Harley Davidson 883), ci conquistammo al primo sguardo. Io all'epoca non cercavo nulla. Ero la classica (più o meno) donna, che vedeva avvicinarsi a grandi passi i fatidici 40, disillusa ormai rispetto all'amore.

Un matrimonio fallito alle spalle. Colpa mia. All'epoca credevo ancora che le persone potessero cambiare. Filippo è una brava persona. Totalmente incapace di gestire qualsiasi tipo di relazione; affettiva non ne parliamo proprio. L'ho amato tanto e mi ha regalato il bene più prezioso al mondo: nostro figlio. Ma non potevamo essere più diversi: io solare, allegra, piena di fiducia (anche troppa) verso la vita; lui cupo, crepuscolare e tendenzialmente cinico. Ero certa, però, che lo avrei cambiato, *the power of love*, beata incoscienza di gioventù! E invece... anni vissuti nell'incomunicabilità, con la sua paura di mettersi in discussione e di confrontarsi, rifiutando qualsiasi tipo di aiuto interno o esterno. E io che mi ammalavo. Prima la testa e poi il fisico. La fine del mio matrimonio, sofferta fino allo stremo, ha segnato piano piano il recupero della mia salute. Molto piano, soffocata com'ero dai sensi di colpa per via di nostro figlio. Quella è stata la prima volta che ho capito quanto fossi "antica", quanto la mia mentalità fosse saldamente ancorata all'idea di famiglia tradizionale: mamma, papà, figli. Certo, tutto può succedere nella vita, ma pensavo che quando si combatte per qualcosa la si ottiene sempre. No, per i sentimenti non è così. Bisogna essere in due a lottare. E lì diventa tutto più difficile.

Claudio è capitato nella mia vita quando avevo, più o meno raggiunto un certo "equilibrio".

Anche se si tratta di una ricerca quotidiana, visto che l'equilibrio, come si legge tra le sue varie definizioni, è il "senso di conoscere ed organizzare il movimento del proprio corpo rispetto alla forza di gravità e alle altre forze esterne". Ecco, l'equilibrio mentale, invece, rischia di essere principalmente influenzato dalle "forze esterne" e quindi, riuscire a mantenerlo, non è un lavoro da poco. Avevo anche cominciato ad appassionarmi alle filosofie orientali ed il concetto buddhista di "impermanenza" mi aveva al contempo affascinato e fatto riflettere. E' sciocco affezionarsi alle cose perché nulla è immutabile, la vita è in continuo movimento e l'idea di attaccarsi a qualcosa pensando duri per sempre è una delle cause maggiori della nostra infelicità. Sorrido al pensiero che questa sia anche la filosofia di vita di Filippo, anche se, piuttosto che essere influenzata dai princìpi buddhisti è totalmente incentrata sul suo cinismo. Strade diverse, unico risultato. Ironico.

Insomma, in quel preciso momento di tre anni fa, ero serenamente in bilico ma, cosa non da poco, in pace con me stessa.

Claudio è entrato nella mia vita come un tornado. Ha abbattuto in un nanosecondo tutte le mie remore e resistenze mentali, sia riguardo il mio faticoso equilibrio raggiunto in solitaria, sia per il fatto che lui (udite udite) era più giovane di me di quattro anni. Ok, voi penserete che non ci sia nulla di così sconvolgente, anzi, visti i tempi, è anche piuttosto *cool*. Ma io sono "antica"! Un uomo più giovane? Mai. Invece il "mai" si è trasformato in "perché no?" e a poco a poco, senza che neanche me ne rendessi conto in "per sempre".

Notato il passaggio? Da sola riflettevo su buddhismo e concetti filosofici elevati. E' arrivato lui e mi sono trasformata in una quindicenne con gli occhi a cuore che vede il suo principe azzurro e sogna l'*happy ending*. L'inizio della fine.

Maledette donnicciole romantiche! Maledetta industria cinematografica! Maledette favole! Tutto cospira contro di noi e contro la nostra salute mentale.

Sono cresciuta guardando "Candy Candy" e come tutte le bambine degli anni '80 ho assorbito in via subliminale la famigerata sindrome della crocerossina. Dicesi "sindrome della crocerossina" quell'istinto tipico di molte donne di impelagarsi sempre con il complicato di turno, quello che a posteriori potrebbe essere definito come *Vade retro Satana*, ma che in gioventù viene erroneamente visto come *Il bel tenebroso*. Una rovina per tutta la vita. E poi non ci meravigliamo se oggi il mio film preferito è ancora "Harry ti presento Sally" (nonostante tutto, sogno ancora quel finale, c'è poco da fare) oppure mi strazio di lacrime con "I ponti di Madison County" e tifo per Carrie e Mr Big in "Sex & the city". No, non ci meravigliamo! Anziché appassionarmi alle vicende di quella sfigata di Candy avrei dovuto guardare *Georgie*, la biondina che faceva finta di tirarsela, ma in realtà la dava via neanche ci fossero i saldi…la mia vita sarebbe stata decisamente diversa!

La vita non è semplice per noi donne. Bombardate costantemente da immagini di strafighe pseudo-famose che sfornano figli senza prendere un etto e vivono perennemente in vacanza. Siamo abituate ormai a fare i conti con queste immagini e poi con la vita reale. La nostra. Fatta di corse la mattina per portare i figli a scuola e andare al lavoro; corse a casa; le pulizie, il pranzo e la cena; l'educazione dei figli e le responsabilità. Insomma la vita vera, in cui cerchiamo di ricavarci anche i nostri spazi per curare la nostra persona e, man mano che l'età avanza, anche la nostra anima.

L'età è una variabile davvero strana. E i 40 anni penso siano davvero un giro di boa. Per le donne normali, ovviamente, non per le strafighe, per loro l'orologio biologico si ferma beatamente ai trent'anni. Mah. Invece, per noi, donne non da soap opera, è diverso. Da una parte, ti rendi conto che è passato il tempo per molte cose, che il tuo fisico non è più quello di una ragazzina, che magari devi anche rinunciare ad alcuni tipi di abbigliamento (perché è giusto che certi *outfit* li indossino le ventenni, facciamocene una ragione!); dall'altra, puoi permetterti di fare un bilancio di te dall'interno e vedere quello che non è visibile agli altri, ma solo a te stessa e decidere che ti piaci. Sì! Ti piaci per come ti sei sempre comportata, ti piaci per gli obiettivi che hai raggiunto e per quelli che ancora puoi raggiungere, ti piaci perché le prime piccole rughe che vedi non sono così sconvolgenti e ti ricordano la vita passata e la persona che sei diventata. Ti piaci come sei. E hai davvero tutte le carte in regola per trovare il tuo equilibrio tra ciò che c'è fuori e ciò che c'è dentro. Assaporando, per la prima volta nella tua vita, il concetto del "macchissenefrega". Tanto terapeutico quanto meraviglioso. Lo consiglio a tutte.

E torniamo a me. Proprio quando stavo prendendo confidenza col suddetto concetto, incontro lui. E cosa fa? Pronuncia le fatidiche parole, quelle che ogni donna sogna:

"E' una vita che ti aspettavo. Non pensavo potesse esistere una donna così fantastica. Mi fai provare un amore che neanche immaginavo esistesse". E poi: "Non riesco a credere che una donna come te, con la tua sensibilità, sia interessata a me".

Finalmente un uomo che mi aveva capita, che aveva notato e soprattutto apprezzato la mia famigerata "sensibilità", il mio essere forte ma allo stesso tempo fragile; il mio commuovermi di fronte al mare e a qualsiasi spettacolo della natura; il mio amore per gli animali; il mio apprezzare le piccole cose (che poi, sono le più grandi); il mio sciogliermi di fronte ad un sorriso e il mio indignarmi di fronte alle guerre e alle sofferenze altrui; il mio contribuire nell'ombra, sottovoce, per aiutare sempre gli altri. Lui aveva guardato dentro di me e mi amava (diceva) per come ero. Non dovevo più avere paura di mostrami debole: lui mi aveva com-presa.

Colpita e affondata. Sfido qualunque donna a non cadere in questa trappola!

Anche perché, parliamoci chiaro, dopo i 30, trovare un uomo decente diventa un'impresa titanica. Come disse una volta un mio amico "Mari, dopo una certa età, gli uomini sono come i bagni pubblici: o sono occupati o sono guasti". Antica saggezza popolare.

Col senno di poi, avrei potuto pensare di aver incontrato un altro "guasto", ma lui ce l'ha messa davvero tutta. Mi ha riempito di tutte le parole che ogni donna vorrebbe sentirsi dire, mi è stato vicino fin da subito e, cosa fondamentale, ha conquistato mio figlio. E la mia natura di ingenua inguaribile romantica ha fatto il resto.

Tre anni meravigliosi. Per me. Non c'è stato giorno in cui non abbia pensato quanto fossi fortunata. L'uomo che tutte le amiche ti invidiano: simpatico con loro, amorevole con tuo figlio e che trasuda amore visibile per te.

In effetti, a raccontarlo ora così, avrei dovuto intuire che si poteva nascondere una fregatura…

L'unica cosa che mi rimproverava, questo uomo meraviglioso, era la mia eccessiva schiettezza e sincerità, sia nelle espressioni verbali che nei comportamenti. Tipo "ma ti rendi conto che qualsiasi cosa pensi ti si legge in faccia? Se qualcuno ti piace oppure non ti piace si vede a chilometri di distanza!". Vero. Ma ho sempre pensato fosse un pregio. Insomma da me non aspettarti mai una pugnalata alle spalle. Che c'è di male in questo? ...Lo capii tre anni dopo.

Tornò a casa, in un giorno come tutti gli altri, dopo aver detto e fatto le solite cose. Ultima telefonata all'uscita dal lavoro:

"Amore, sto tornando, ci vediamo tra poco".

"Ok, ti aspetto! Stasera Tommy è a cena da mia madre".

"Bene! Allora stasera…seratina tra noi ☺ ?".

"Sei sempre il solito ☺ a tra poco, amore!".

Dopo un'ora rientrava a casa e mi diceva che "forse" non mi amava più come all'inizio, che era stufo di fare tanta strada per andare al lavoro (!!!), che eravamo troppo diversi per continuare a stare insieme e, *dulcis in* fundo, che io ero "troppo" sensibile per lui e che lui non si sentiva più se stesso… BOOM! Lo tsunami era partito.

In un attimo mi sono trovata catapultata a "meschinilandia", luogo, tanto virtuale quanto reale, in cui le tue debolezze vengono rinfacciate e il tuo eroe si trasforma in un mostro a tre teste. Roba da brividi, mica da donnette "sensibili"! Che poi, la cosa che proprio non mi è andata giù è stata il rinfacciarmi la sensibilità, come se fosse una colpa primordiale. Ma se io vivo le cose in modo amplificato, nel bene e nel male, a te cosa importa? Semmai è un problema mio! Sempre che voglia considerarlo un problema. Ho sempre creduto fosse una marcia in più. E lo credo ancora, ci mancherebbe altro. Suona tanto assurdo quanto "ti lascio perché abitiamo troppo lontano dal lavoro". Sarebbe facile ora per me ridicolizzare tanta vigliaccheria e mancanza di onestà, ma non lo farò … o forse l'ho già fatto? Chissà.

Capitolo II
Friends

Quando ti innamori ti rincoglionisci totalmente. Puoi essere la persona più intelligente del mondo, puoi essere scaltra quanto vuoi, ma se incontri qualcuno che tocca le corde giuste, ogni difesa svanisce, si disintegra. E niente contano tutte le sofferenze provate in precedenza, i dolori, i fallimenti. Niente. Quando incontri chi ti frega…sei fregato.

Io, fino alla sera dell'8 Aprile, ero convinta di aver trascorso tre anni stupendi, pieni di amore, rispetto e soprattutto sincerità. Se ora non suonasse così stonato, riderei quasi a questo pensiero.

Ci accomunavano tantissime cose. Tra queste, sicuramente, la passione per i viaggi. Abbiamo condiviso luoghi, esperienze e risate. In uno di questi viaggi, nella Repubblica Dominicana, abbiamo conosciuto Alex. O meglio, Tommy, mio figlio, ha conosciuto Alex. Premetto che mio figlio è un bambino stra-socievole e farebbe amicizia anche con i sassi. Un giorno lo troviamo in piscina che parlava fitto fitto con un altro bambino. Considerando che la maggior parte delle persone era straniera, mi chiedevo cosa potessero mai dirsi quei due. Mentre, sorridendo, mi perdevo in questi pensieri, mi si avvicina una donna, capelli corti rossi che mi fa subito simpatia e con uno spiccato accento emiliano mi dice “E’ tuo figlio? L’altro è Alex, il mio. Piacere, Consuelo”. Roma e Reggio Emilia che si incontrano a Bayahibe. Fantastico. Anche Conny era una mamma single, delusa dall’ex marito donnaiolo e fedifrago, ma che, nonostante tutto, trasmetteva forza; quella forza che ogni donna possiede e che ogni tanto viene appannata dalle prove che la vita ci mette davanti, ma che poi vengono sempre superate. I nostri figli si sono adorati dal primo istante e noi siamo diventate subito amiche. Nulla succede per caso.

Durante la vacanza, Conny ed io ci siamo raccontate le nostre vite, le nostre delusioni, l’amore per i nostri figli. Io, a quel tempo, ero però quella “fortunata”. Quella che dopo tutto, aveva incontrato l’Amore, quello con la “A” maiuscola, un ragazzo d’oro, quella che una su mille ce la fa e quell’una ero io. Quindi dispensavo perle di ottimismo a destra e a manca.

“Capisco, Conny, la tua delusione e la tua disillusione, ma gli uomini non sono tutti uguali. Vedrai che incontrerai la persona giusta che ti farà ricredere su tutto. L’importante è non farsi sopraffare dai pensieri negativi. Essere in pace con se stessi è fondamentale”. Che meraviglia vestire i panni della “saggia” quando sei felice!

Oggi Conny vive serenamente una nuova vita. Ha incontrato un uomo con cui condivide gioie e problemi quotidiani e che sta vicino a lei e a suo figlio.

Io invece sono stata brutalmente scaricata dal fidanzato dell'anno.

Ora è lei che mi chiama, mi supporta e mi dispensa perle.

Come dicevo, nulla avviene per caso. E sono grata per quel viaggio dall'altra parte del mondo che mi ha regalato una nuova amica.

Le amiche sono fondamentali. Grazie a loro entri in contatto con un universo meraviglioso fatto di ansie, crisi pre e post mestruali, viaggi mentali, risate fragorose e totalmente immotivate, pianti di gioia e di rabbia, racconti intimi e pettegolezzi da bar. Grazie a loro ti senti meno sola. Le amiche, quelle vere, sanno davvero chi sei e, incredibilmente, ti amano proprio per questo. Le amiche, quando hai bisogno, appaiono senza neanche essere chiamate. Magia.

Lui è stato davvero bravo. Non è mica facile fregare un manipolo di donne pronte a fare le pulci a tutto. In questi anni, ho ascoltato i racconti delle mie amiche spesso in guerra con i loro compagni per i motivi più disparati, tipo "il mio compagno per il compleanno mi ha regalato una vaporiera…ma ti rendi conto???" Oppure "mio marito non vuole mai organizzare nulla, devo sempre occuparmi io di tutto". E io mi sentivo sempre la più fortunata! Ricevevo regali originali: per i miei 40 anni, una caricatura di me in sella all'Harley con lui e mio figlio ad attendermi al traguardo e, sugli spalti, la mia famiglia e due delle mie più care amiche, Laura e Margherita (oggi penso "ruffianissimo!", ma all'epoca pensavo "che amore!"); organizzavamo le cose insieme, condividendo sempre pro e contro. Insomma, ai miei occhi e a quelli delle mie amiche ero davvero "quella gran culo di Cenerentola" (per citare "*Pretty woman*", altro cult rovina-donne).

Margherita me lo diceva sempre: "Hai proprio incontrato un uomo d'oro! Provo davvero una sana invidia nel vedere gli occhi innamorati con cui lui ti guarda, Fabio è da un pezzo che non mi guarda più così". Margherita, *my best friend*, che si è trasferita a vivere in Texas ma che, per fortuna, riesco a vedere tutte le estati, quando torna per circa un mese a trovare i suoi genitori e con cui sto in filo diretto grazie a questa meraviglia della tecnologia chiamata "whatsapp"! La prima persona a cui ho scritto, un'ora dopo essere stata abbandonata dall'uomo modello, perché nonostante ci sia un oceano di mezzo, noi siamo sempre vicine, allineate sulla stessa lunghezza d'onda, pronte ad intervenire appena una delle due ne ha bisogno. Io avevo tanto bisogno. E lei c'era. Ore di telefonate, di sfoghi, di rabbia…per entrambe, perché quando un'amica sta male una parte del tuo cuore sta male con lei e per lei.

Io so di essere una donna fortunata, per innumerevoli motivi, che nessuno mi potrà mai togliere perché non si tratta di cose materiali. Tra questi motivi, ci sono sicuramente le mie amiche, quelle strette, quelle "meglio poche ma buone", quelle su cui puoi sempre contare. Come Laura, la mia *sister* acquisita. Amiche d'infanzia, cresciute insieme e mai perse. Abbiamo attraversato tutte le prove della vita, sempre presenti l'una per l'altra. Sua figlia, Anna, mi chiama "zia" e per me il loro affetto vale più di qualsiasi legame di sangue. Mi hanno aiutata quando Claudio, una decina di giorni dopo la "fuga" è tornato a casa per prendersi le sue cose e io non volevo neanche incontrarlo. Mi hanno offerto asilo politico. Laura, pessima cuoca, si è superata: mi ha preparato il pranzo!

"Lo vedi che anche nelle cose brutte si può sempre trovare del buono? Ho cucinato per te!"

"E questo piatto di pasta è anche commestibile! E' proprio vero che le sorprese non sono solo negative!"

E lì ci siamo messe a ridere, come due sceme, come due che si vogliono bene da tutta la vita.

Poi c'è Alessandra, la mamma di uno dei migliori amici di Tommy, entrata prepotentemente nel mio cuore. Ci siamo conosciute grazie alla scuola. Ci siamo subito ri-conosciute. Quando tra tanta gente incontri qualcuno che sai che ti somiglia, che sai che condivide con te lo stesso modo di affrontare la vita, allora è fatta. Ale è logorroica da morire, ma è una delle persone con il cuore più grande e l'anima più pulita che abbia mai incontrato. Come fai a non volerle bene? Non mi ha mollata un attimo. Mi ha fatto sfogare, mi è stata vicina, mi ha trascinato a cena fuori con i bambini, mi ha trasmesso tutto l'affetto che aveva per me. Un giorno, era una domenica buia e tempestosa (sia fuori che dentro), mi è passata a prendere. Lei è titolare di una libreria e quel giorno la sua distribuzione era eccezionalmente aperta.

"Vieni, ti porto in un posto bellissimo. Ti conosco e non ho dubbi che ti piacerà", mi ha detto con il tono di chi non era disposta ad accettare un rifiuto.

Mi sono lasciata convincere e mi sono ritrovata nel "paese dei balocchi", oltre 500 metri quadri di scaffali pieni di libri. Per una come me, un sogno ad occhi aperti. Ho passato due ore a girare tra i corridoi, a spulciare copertine, a perdermi in un mondo fantastico in cui passavo dalle guide Lonely Planet al Dalai Lama, saltellando tra l'autobiografia di Agassi e "Il Simposio" di Platone: meglio di un giro sulle montagne russe! Imbattendomi, ogni tanto, sempre per rimanere in tema luna park, nelle case degli orrori: è incredibile la quantità di gente insulsa che scrive libri, personaggi di fiction e presentatori di dubbi programmi televisivi sono tutti miracolosamente diventati "scrittori". Per carità, ai posteri l'ardua sentenza, magari sono dei geni, ma a me vengono i brividi, santo cielo, sono pur sempre un'anima sensibile, io!

Dopo la mia meravigliosa full immersion, sono uscita con una decina di libri acquistati. Non poteva esserci cura migliore.

Un'altra sorpresa positiva di questo periodo buio è stata mia sorella. Diversissime tra noi, come tutte le sorelle che si rispettino, negli ultimi anni ci eravamo un po' perse. Capita. Ognuna presa con la propria vita. Non appena mia sorella ha saputo che stavo male ha mollato tutto per starmi vicina. Abbiamo pianto insieme, ci siamo abbracciate e ci siamo ritrovate. Non c'è stato giorno in cui non si sia preoccupata, anche con un semplice messaggio, per me.

Ma vuoi vedere che devo anche ringraziarlo quello sturalavandini che mi ha piantato su due piedi??!!

Diversa la reazione di Francesco. Il mio amico del liceo. Anche con lui non ci siamo mai persi: quasi trent'anni di ricordi condivisi. Quando hai la fortuna di incontrare sulla tua strada persone speciali saresti un pazzo a fartele scappare. Lui conosce tutta la mia vita, non ho lati oscuri per lui. Ho aspettato tre settimane prima di avvisarlo del fattaccio. Dovevo prima riprendermi un po'. La telefonata è andata più o meno così:

"Ciao Fra, no, non sto molto bene. Claudio se n'è andato...mi ha mollata"

"Ma dai, che dici? Non ci credo"

"E invece sì. Fino alle cinque di pomeriggio mi chiamava 'amore', programmavamo le vacanze estive, poi alle sei è tornato a casa, mi ha detto che forse non mi amava più come prima, che era stufo di abitare così lontano dal luogo di lavoro e che eravamo troppo diversi perché io sono 'troppo' sensibile per lui. Dopo un'ora era fuori casa"

Silenzio. "Mi stai prendendo in giro?"

"Ma ti pare che potrei scherzare sulla mia ennesima sfiga??"

E lì ha cominciato a ridere, a sbellicarsi, neanche gli avessi raccontato una barzelletta.

"No scusa, Mari .... ma è che capitano davvero tutte a te! Ma fatti una domanda e soprattutto diventa più stronza, sei troppo buona"

"Ah ecco, quindi ora, oltre che essere troppo sensibili, anche essere troppo buoni è un difetto??!!"

"Ma no, hai ragione, è un pregio, solo che mi fai ridere perché nonostante tutto racconti la storia mantenendo sempre la tua vena comica!"

"Che ridere…sai cosa faccio? Ora ci scrivo un libro!". Gli faccio io, sarcastica,

"Ecco brava, ottima idea! Magari può essere utile anche per gli altri! Io lo vorrei leggere"

"Vabbè Fra, ora ci penso. Nel frattempo, sono contenta di averti fatto scompisciare. E' sempre un piacere parlare con te. Ciao"

Uomini e donne. Un universo tra noi.

In effetti, però, è vero. Nonostante sia imbevuta di delusione dalla punta dei piedi alla cima dei capelli, non riesco a raccontare questa storia utilizzando toni drammatici. E' più forte di me. Le tragedie nella vita sono ben altre. Certo, un gran giramento di balle per essere stata così abilmente presa in giro non posso nasconderlo, ma proprio la consapevolezza di questo mi permette di reagire, anche serenamente, all'ennesima assurdità. Ad un certo punto, mi ha illuminato Tommy quando mi ha detto "mamma non essere triste, è lui che dovrebbe esserlo. Lui ha perso due persone che lo amavano profondamente, noi abbiamo perso qualcuno che non ci voleva bene". Lezioni di vita da un bambino di dieci anni. Porto a casa anche questa.

E sempre per il tema "non mi strappo di certo i capelli", anziché frullare dalla finestra la caricatura regalo per i miei 40 anni, che era stata a suo tempo rigorosamente incorniciata ed appesa con orgoglio in casa, ma che ora, vista la situazione, cominciava ad urtarmi profondamente il sistema nervoso (la sua brutta faccia in mezzo ai miei affetti più profondi, anche no!), ma a cui non volevo rinunciare, ho optato per una egregia soluzione del problema. Grazie ad un amico (vedi che sono fondamentali?!) e al prezioso aiuto di Photoshop: personaggio irritante eliminato, sostituito da coriandoli. Problema risolto. Ecco cosa significa avere capacità di *problem solving* e un approccio positivo alla vita. Rifiuto l'offerta e vado avanti. Sempre.

Capitolo III
Difficoltà=Nuove opportunità

Ho le spalle larghe. Si dice così? Nella vita ho affrontato tanti e diversi problemi. Un aborto, gli attacchi di panico, un divorzio, problemi economici e addirittura uno stalker. Ce n'è per tutti i gusti. Chissà se esiste un premio per aver inanellato così tante sfighe. E meno male che si vive una volta sola! Giuro che se sento qualcuno lamentarsi della propria vita monotona e noiosa lo prendo a testate!

Chi mi conosce si chiede come abbia fatto. La risposta è che non mi sono mai persa d'animo. Ogni volta che mi si presentava di fronte un problema, da una parte mi concentravo per cercare di risolverlo, dall'altra cercavo uno sfogo per me stessa, qualcosa che mi facesse stare bene e che mantenesse viva e positiva la mia testa.

E' andata così quando abbiamo dovuto affrontare, a livello familiare, seri problemi economici. Vengo da una famiglia di commercianti. Mio padre, uomo d'altri tempi, ha lavorato tutta la vita nel negozio di materiale elettrico aperto da mio nonno nel '56. Una vita dura, fatta di sacrifici. Il settore del materiale elettrico non è proprio quello dell'alta moda… Quando ero piccola, mio padre usciva di casa la mattina prima che io mi alzassi e tornava la sera quando stavo quasi per addormentarmi. Eppure, quando avevo bisogno di parlare con lui, il tempo lo trovava sempre. Ricordo quando alle scuole medie mi incastravo con i problemi di geometria e lui, dopo cena, si sedeva al tavolo con me per aiutarmi a risolverli; oppure gli anni delle mie crisi adolescenziali e lui che, alle dieci di sera, entrava nella mia cameretta, dopo una giornata di lavoro, solo per parlare con me.

Nella vita ho imparato che è vero che gli errori si pagano sempre, ma è anche vero che si raccoglie ciò che si semina. Se semini amore, raccogli amore. Se semini altro, raccogli altro. E' anche vero che se si compiono errori, anche se in buona fede, se ne raccolgono le conseguenze. Non si sfugge.

Mio padre non ci ha mai fatto mancare nulla e quando lui è stato in difficoltà, aiutarlo mi è sembrata la cosa più giusta e naturale. Purtroppo il periodo economico che il nostro Paese ha vissuto ha fatto *tabula rasa* di parecchie attività commerciali. Non mi interessa in questa sede analizzare i perché e i per come. E' andata così. E noi, che lavoravamo tutti nell'attività di famiglia, da un momento all'altro ci siamo trovati senza stipendio e con il pericolo reale di rimanere senza lavoro, per via della chiusura dell'attività e anche senza casa, a causa delle fidejussioni bancarie rilasciate. Bisognava tirare fuori forza e carattere. E soprattutto evitare di essere sopraffatti dal senso di fallimento (inevitabile, siamo umani) e dalla disperazione e, invece, credere che una soluzione si può sempre trovare. Magari non la soluzione che avremmo sperato, magari si tratta di cambiare stile di vita. Magari, anche di ricominciare da zero. Ma in fondo si tratta semplicemente di COSE. Ciò che di bello e importante abbiamo costruito come famiglia, teniamocelo stretto, perché nessuno ce lo potrà togliere e affrontiamo tutto quello che verrà. Pronti, via.

E' stata dura e lo è tuttora. I problemi li stiamo ancora risolvendo e ci vorranno probabilmente anni prima di sistemare tutto. Dovremo vendere la casa a cui i miei genitori, così come tutte le persone d'altri tempi, hanno dedicato la loro vita; la casa in cui mia sorella ed io siamo cresciute e in cui stanno crescendo ora i nostri figli. Doloroso da un punto di vista pratico, ma necessario. Il futuro è incerto. Ma noi siamo ancora qui, sempre uniti. Una ricchezza che non si può comprare.

In questi anni, mentre nuotavo nelle difficoltà, per non affogare ho capito che avrei avuto bisogno di un salvagente. Ho capito che se da una parte si prospettava la fine di un ciclo, dall'altra era importante cogliere e creare nuove prospettive e possibilità. Una fine rappresenta sempre anche un nuovo inizio.

Ho pensato che forse la vita non mi stava togliendo, ma mi stava donando. Potevo scegliere, per la prima volta senza alcun tipo di costrizione o senso del dovere, una nuova strada per me. Potevo inventare e riprogettare il mio futuro. Se le cose fossero andate bene non credo avrei mai avuto la spinta a lanciarmi verso l'incerto. Lasciare qualcosa che mi permetteva di vivere ma che non mi entusiasmava per tentare, alla mia età, di fare qualcosa che mi gratificasse, che appagasse la mia vera natura.

Da sempre amo disegnare. Non sono certo un'artista, anzi! Fin da piccola mi divertivo a disegnare pupazzi, cartoni animati, fumetti che raccontavano storie divertenti. E così mi sono buttata a capofitto in un nuovo progetto: registrare un marchio e lanciare una linea di t-shirt. Protagonista lei: la mia adorata *Blacksheep*. Il simbolo di un po' tutta la mia vita. E l'ho battezzata *De Nicchia*. Un'espressione romana divertente per indicare qualcosa o qualcuno che si distingue dalla massa: chi meglio di una pecora nera? *De Nicchia* è simpatica, è attenta ai temi ecologici e sociali, cura la sua interiorità prima della sua esteriorità. Usa la sua faccetta da pecorella nera, in mezzo a tante bianche, per dire la sua. E mi piace.

Ho cominciato a disegnare. Ho volutamente lasciato il tratto del disegno fatto a mano anziché ritoccarlo al computer, a voler sottolineare la sua diversità rispetto alla standardizzazione imperante. Un piccolo personale tributo all'imperfezione, vista come peculiarità e ricchezza. Nonostante tutte le difficoltà contingenti io ero "felice", appagata dalla libertà di poter fare, per la prima volta nella mia vita, qualcosa che mi piaceva veramente. E la sorpresa più grande è stata quando, per la curiosità di vedere come andava, ho stampato cinquanta magliette *De Nicchia*, con sopra la mia pecorella e la frase *"When nothing goes right...go left!"* e le ho date via tutte, ricevendo complimenti e incoraggiamenti a continuare su quella strada. Una frase che rappresentava pienamente il mio momento, ma evidentemente anche la vita di tante altre persone. Mai scoraggiarsi e guardare sempre avanti. Se non ci piace quella prospettiva, cambiamo angolazione.

E' stato grazie a *De Nicchia* che ho incontrato Luciano. Stavo cercando qualcuno a cui appoggiarmi per stampare le magliette e mi sono rivolta ad una società, di cui mi avevano parlato, che utilizzava una tecnica di stampa innovativa che mi avrebbe permesso, anziché stampare 50 magliette di un solo tipo, di diversificare potendo produrre anche solo 1 grafica per modello senza costi particolarmente gravosi. Mi presento all'appuntamento e, in quell'occasione, conosco due dei soci e uno dei grafici: Luciano. Avete presente quando capita di incontrare per la prima volta una persona ma ti sembra di conoscerla da sempre?

Cominciamo a parlare e ci capiamo subito al volo: stessi riferimenti, stessa lingua. Cresciuti entrambi con i fumetti di *Snoopy* e con un'adorazione smodata per il genio di Schulz. Era come parlare con un vecchio compagno di classe che ritrovi dopo vent'anni. Lui si è immediatamente appassionato al mio progetto ed io ho guadagnato una fiducia inestimabile solo per il fatto che una persona della sua esperienza (anche lui anni prima aveva creato e commercializzato un noto marchio di abbigliamento) apprezzasse la mia idea e mi incoraggiasse a continuare. Da lì è cominciata la nostra collaborazione-amicizia e, nonostante varie vicissitudini personali e lavorative abbiano portato entrambi ad allontanarsi da quell'agenzia (lui nel frattempo, si è anche trasferito in un'altra città), la nostra amicizia è rimasta intatta e ancora ci sentiamo, ci raccontiamo un po' le nostre vite e ci confrontiamo. E, soprattutto, se ho bisogno di un consiglio per il mio progetto lui è sempre pronto a darmelo. Di nuovo, mi ritrovo a pensare che niente accada per caso.

Insomma il mio lavoro piaceva. La realizzazione di questa consapevolezza è stata qualcosa di impagabile. E soprattutto mi ha insegnato che in ogni cosa, anche negativa, può sempre esserci del buono, dipende da noi.

Questa lezione mi è tornata molto utile. Anche dopo il famoso 8 Aprile.

In questi anni con lui ero cambiata. Volontariamente: avevo smussato alcuni spigoli del mio carattere (chi non ne ha?) perché ritenevo ne valesse la pena. Pensavo ai miei nonni o anche ai miei genitori, non si passa una vita insieme senza limare un po', senza venirsi incontro. Ma anche involontariamente: l'amore ti cambia e mentre prima mi veniva naturale ragionare e parlare al singolare dopo, senza neanche rendermene conto, ho iniziato ad orientarmi verso il plurale. "Noi". Senza accorgermene ho cominciato ad includerlo in tutti i miei pensieri, i miei sogni, i miei progetti di vita futura. E tutto sommato penso non ci sia nulla di male, se incontri la persona giusta. Ecco, la persona giusta.

Quando lui ha disintegrato la mia vita nel giro di un'ora mi sono sentita letteralmente morire. E' inutile fare la figa ("morto un papa se ne fa un altro") o la filosofa zen (ohmmmm). No. In quel momento mi sono sentita come il signor K., il protagonista de *Il processo* di Kafka. Una situazione surreale in cui avrei dovuto difendermi da colpe che non sapevo neppure di avere. Sì perché il mio "uomo ideale" aveva pensato bene di tenermi all'oscuro della decisione che stava maturando, anzi, per non fare torti a nessuno aveva pensato bene di continuare a comportarsi come se niente fosse e di fronte alla mia faccia sconvolta che chiedeva spiegazioni la sua risposta è stata: “Non volevo turbarti”.

Coooosaaa??? Non volevi turbarmi?! Liquidarmi nel giro di un’ora, buttando all’aria gli anni passati insieme e calpestando brutalmente i miei sentimenti scappando a gambe levate come un ladro, farfugliando scuse, tu lo chiami “non turbarmi”? Mi sa che devi rivedere quantomeno il tuo dizionario, caro mio!

E un’altra triste scoperta è stata venire a sapere che alcuni suoi amici ne erano già al corrente. Cioè, ricapitolando, lui snocciolava a destra e a sinistra il suo malcontento e poi con me si comportava come se niente fosse per non turbarmi, perché io…ero “troppo” sensibile!

La cosa più dura, in una situazione come questa è dover fare i conti con te stessa. Fino a quel momento pensavo che storie del genere fossero leggende metropolitane. Ti pare che uno ti molla così all’improvviso e tu non te lo aspetti, ma dai! Allora, come si dice a Roma, sei proprio “di coccio”, dormi in piedi! Il coccio stavolta ero io e mi sono rotta in mille pezzi.

Certo, i primi momenti sono stati durissimi, inutile negarlo. Poi, piano piano, lo scenario mi si schiariva sempre di più. Lui si era gettato a capofitto nella nostra storia come un bambino si getta, la mattina di Natale, sul nuovo gioco trovato sotto l’albero, salvo poi stancarsene all’Epifania. Credo, sintetizzando, che sia successo proprio questo: sono stata considerata un “gioco”. E qui entra in ballo il mio grande limite: la sensibilità. Ma come si fa a quarant’anni ad affrontare le relazioni umane come fossero un gioco? Capisco che la sensibilità non sia una merce che si possa acquistare al mercato, ma santo cielo, anche un mocio vileda riesce ad essere meno superficiale di così!

Faccio parte di quella schiera di persone che non capisce come ci si possa stancare solo per il gusto di cambiare. Che poi, il peggio non è mai morto, ricordatevelo. Tra l’altro, se devo dirla tutta, mentre la maggior parte delle persone si carica all’inizio di un rapporto, io al contrario la considero la fase più stancante: ti devi conoscere, ti devi raccontare, ti devi fidare, che stress! Invece con il tempo tutto diventa più bello e più profondo. Probabilmente sono una donna diesel. Forse il problema sta tutto qui.

In quest’epoca di social network tutto nasce e si consuma in fretta, alla velocità consentita dalla banda larga. Non mi piace. Non mi piace avere rapporti virtuali con le persone. Amo le persone vere, quelle in carne ed ossa; quelle che non hanno bisogno che aggiorni il mio stato su Facebook per capire come sto; quelle che non le inganni postando una foto perché sanno benissimo come sei fatta. Mi piace la vita vera. Tra l’altro, già così sono la regina delle fregature, figuriamoci se dovessi affidarmi ai social! Quanta disperazione. Persone di una certa età che vivono una seconda vita davanti allo schermo di un computer o di uno smartphone, vagando da una chat di incontri all'altra. L'epoca della connessione globale è anche l'epoca della solitudine globale. Gente che nella realtà non si sarebbe mai incontrata si ritrova insieme, all'inizio tutto rose e fiori: certo, sono estranei. Poi si conoscono e comincia l'inferno. Conosco persone che si sono incontrate on line e si sono addirittura sposate. Ora, da casa mia, sento le urla dei loro litigi. E mi chiedo: si sta poi così male da soli?

Oggi la vera trasgressione è voler conoscere le persone "dal vivo", è vivere serenamente senza l'ansia di avere qualcuno (che facilmente diventa chiunque) a fianco, è non avere un profilo personale su Facebook, è non dover dimostrare agli altri quanto siamo belli, felici e spensierati.

Oggi la vera trasgressione è essere *De Nicchia.*

Capitolo IV
Cambiamenti

Quando mi sono sentita tradita nella fiducia confesso che una delle prime cose che ho pensato è stata "vorrei non averlo mai incontrato". Lo so è un pensiero infantile. Se non altro perché non è possibile, perdindirindina.

Poi, tutti che cercano di consolarti con frasi di circostanza, tipo "Non ti meritava", "Non hai perso nulla", "Sei giovane, sei intelligente" (su queste ultime due avrei qualcosa da ridire, effettivamente) e così via. E tu pensi "ma cosa me ne frega, io volevo lui! Mi sento così sola! Sono stata una stupida a fidarmi! Che idiota, me tapina, me miserabile…" e così via.

Anche perché ricordo con un certo orrore i miei anni precedenti a lui, quelli cosiddetti "da single": quale incredibile fauna può girare intorno ad una donna single! Le fortunate che hanno trovato l'uomo della loro vita al primo colpo, o quasi, non possono neanche immaginarlo, ma tutte le altre, altroché se capiranno!

I peggiori sono sicuramente quelli sposati, o accompagnati, che ti fanno le battutine, delle pseudo *avances*, tutti intenti a condire le frasi con doppi sensi e tu li guardi e ti chiedi: "ma perché dovrei uscire con te che sei sposato, autorelegandomi nel ruolo della seconda, sfigata, che deve nascondersi come un topo di fogna quando tu, tra l'altro, non sei neanche la lontana copia di Brad Pitt? Ma cosa ti dice il criceto che hai nel cervello?". Mah.

Una volta mi è addirittura capitato di uscire con un istruttore di palestra, neanche bello, direi tutt'altro, anzi a vederlo avresti detto che poteva essere un impiegato del catasto, non certo un palestrato (sì, i tipi strani tutti davanti a me). Insomma, questo faceva sempre il simpatico, finché non ho accettato il suo invito e siamo usciti a cena; serata piacevolissima passata in chiacchiere, mi riaccompagna a casa, ci baciamo poco prima che io scenda dalla macchina e solo in quel momento mi confessa di essere fidanzato. La sua dolce metà era partita e siccome io gli piacevo tanto, sai com'è... No! Non lo so com'è e neanche lo voglio sapere. Mandato a cagare per direttissima, in meno di mezzo secondo. Da guinness dei primati. La mia natura "sensibile" mi aveva spinto a guardare oltre l'apparenza (che certamente non era un granché) pensando di trovare qualcosa di più profondo e invece mi ritrovo in una pozzanghera?! Ma pensa te!

Poi ci sono i fighi. O perlomeno quelli che si credono tali. Il loro motto è "arrendersi mai". Peccato che su una certa tipologia di donna, alla quale ad esempio appartengo io, il presunto figo non abbia mai fatto presa. Troppo boriosi e pieni di sé. Troppo scontati e prevedibili. Sono quelli che ti fanno una domanda solo per darti loro la risposta. Una cena con uno di loro rischia di essere tanto noiosa quanto fissare per due ore il movimento di un orologio a pendolo. Soporifero. Come diceva Oscar Wilde "è assurdo dividere le persone in buone o cattive. Le persone sono deliziose o noiose". Amen.

Una menzione a parte merita la categoria degli eterni "vuoti a perdere". Quarantenni che ancora credono che la vita sia tutta un *happy hour*, bambinoni cresciuti (generalmente non hanno figli - e menomale, aggiungerei) che vivono come se i vent'anni non fossero mai passati, totalmente inconsapevoli di apparire, ormai, patetici. Interamente concentrati su se stessi e contornati da amici simili a loro. Feste, aperitivi, locali. Neanche fossero Briatore... Poveri. E povera te, se hai ancora qualche neurone al lavoro e ti capita di frequentare uno di questi. A me è capitato. Ci teneva a chiamarmi "la mia frequentante". Scomodare persino il participio pur di dimostrare che lui giammai avrebbe utilizzato il termine "fidanzata", troppo impegnativo per carità, e lui era troppo y*e ye*. Ok, peccato non si sia mai posto il problema se io avessi mai voluto essere considerata la sua "fidanzata". Ciccio, ho un'immagine da mantenere io, cosa credi?

Sì, la vita di una donna single sui quaranta è decisamente stressante per i miei gusti.

Dopo essere stata mollata mi è mancata la terra sotto i piedi. Soprattutto perché in questi anni avevo davvero creduto di aver incontrato una persona speciale. Non ovviamente in senso assoluto, ma speciale per me. Diverso da tutti quei decerebrati che avevo sempre attirato come una calamita. L'accorgermi di quanto fossi stata ingenua mi ha letteralmente tolto il fiato, nel vero senso della parola. Ad un certo punto, però, lentamente, ho ricominciato a respirare. Sembra un modo di dire ma non è così. A volte respiri affannati, a volte interrotti, fino ad arrivare a respiri via via sempre più calmi, in cui ho cominciato di nuovo ad ascoltarmi.

Ho pensato che se non lo avessi incontrato probabilmente non avrei fatto determinate esperienze, non avrei incontrato Conny ed Alex, ad esempio. E sempre in questi anni, mi sono avvicinata ad un nuovo modo di mangiare e, quindi, di ragionare. Ho letto libri, mi sono documentata. Ho eliminato la carne e abbracciato un nuovo stile di vita. Premetto subito che non sono diventata un'integralista, non è nella mia natura, ma certamente sono diventata più attenta a certi temi. Sarà mica perché sono 'troppo' sensibile?!

Da giovane ero una di quelle persone che pensava di poter cambiare il mondo, credeva nella politica come strumento atto a tale scopo. Ho combattuto le mie battaglie e partecipato a manifestazioni in nome di diritti in cui credevo, sempre in prima linea, fin dai tempi della scuola. Non è mai cambiato nulla. L'unica cosa diversa è stata, con l'avanzare dell'età e delle delusioni, la mia disaffezione alla politica stessa. Ho cominciato a vederla sempre più come uno strumento per fare gli interessi dei pochi, in primis di coloro che la gestivano e sempre meno gli interessi dei molti. Insomma, ho vissuto la delusione di parecchi quarantenni di oggi. Negli ultimi anni, però, qualcosa è cambiato. Io sono cambiata. Ho cominciato a spostare la mia attenzione sulle piccole cose quotidiane. Forse proprio in virtù dell'amore che provavo, che mi arricchiva e che valorizzava, per me, la vita di ogni giorno. Ho cominciato a chiedermi "cosa posso fare io per migliorare il mondo in cui vivo e in cui crescerà mio figlio?". E ho capito che ognuno di noi ha molto potere. Anche singolarmente. Ogni scalata inizia sempre con un primo passo. Ho capito che quello che mangio, non solo condiziona la mia salute, ma influenza direttamente l'ambiente, incidendo considerevolmente sull'inquinamento. Meno carne, meno allevamenti intensivi, meno inquinamento. Senza contare meno sofferenze per gli animali e quindi la consapevolezza di vivere più in pace e in armonia con tutto ciò che ci circonda. In questi anni mi sono avvicinata anche allo yoga. Mi ha aiutato molto a non perdere mai la concentrazione, anche nei momenti più difficili. Onestamente, non ho idea di come appaio guardandomi dal di fuori, ma quello che vedo io dall'interno mi piace. Mi piace vedere il buono che c'è nelle persone, mi piace regalare sempre un sorriso, mi piace rispettare il mondo in cui vivo e trasmettere a mio figlio i valori in cui credo.

Detto ciò, credo fermamente nel "vivi e lascia vivere". Insomma, ognuno faccia pure quello crede, ma è incredibile quante persone non abbiano nient'altro da fare che rompere l'anima a te che non mangi la carne. "Eh ma ora non posso più invitarti a cena, non mangi niente". A parte che non ricordo neanche l'ultima volta in cui tu mi abbia invitata a cena, ma a casa tua non si usa una busta d'insalata, una scatola di fagioli? Per carità, *vade retro 'Bio'*, ma neanche il comune supermercato frequenti? Diciamo la verità: abbasso i nazi-vegani, ma abbasso anche i mangiacarne scassaballe!

Tra l'altro, se c'è una cosa che non ho mai sopportato, fin da piccola, sono le classificazioni. Come può qualcuno, unico nel suo essere, nel suo sentire, rientrare in un'asettica classificazione? Come se tutti facessimo parte di un gregge di pecoroni. Ma io sono pur sempre *De Nicchia!* Mangio quello che mi va di mangiare e che mi fa stare bene. Se domani decido di mangiare una bistecca lo faccio, non me lo vieta mica la religione. Non la mangio perché non mi va. E chissenefrega delle classificazioni.

Così come, dall'altro lato, non sopporto i discorsi qualunquisti. Tempo fa ero a cena con amici ed è uscito il solito tema: questo Paese fa schifo, non esiste una coscienza civile, tutti parlano e si lamentano ma a nessuno poi importa realmente niente perché nessuno è disposto ad andare oltre il suo piccolo orticello e cambiare abitudini. Eh no! Non è vero che per tutti è così. Io ho cambiato la mia vita e sono entrata in contatto con tante persone, in tutto il mondo, che lo stanno facendo. C'è chi, come me, ha cambiato regime alimentare per contribuire a ridurre l'impatto dell'inquinamento ambientale; chi usa mezzi ecologici per andare al lavoro; chi ha cominciato ad investire in costruzioni ecocompatibili; chi ha ridotto, a prescindere, i propri consumi per evitare sprechi; insomma c'è un popolo che attraversa trasversalmente il pianeta e che si impegna quotidianamente nel proprio piccolo per dare un contributo tangibile. E se fai parte di questo popolo ti girano un tantino le balle ad essere rinchiuso in un discorso qualunquista.

Non rinnego questi anni perché, in ogni caso, ho continuato il mio percorso di vita e sono arrivata ad oggi felice per le mie consapevolezze.

Talvolta è facile cadere nel vittimismo e nell'autocommiserazione. Specie quando ti arrivano certe tegole tra capo e collo. E' vero, è facile. Ma è anche così maledettamente noioso!

Apro una piccola parentesi. Non nascondo di aver anche pensato di essere stata una sanguinosa SS nella mia vita passata, altrimenti non si spiegava tanto accanimento in questa vita! Secondo la teoria delle vite precedenti, la nostra anima si reincarna di volta in volta per imparare delle lezioni, per migliorarsi. Ecco, ci terrei a dire (io la butto lì) che in questa vita ho imparato tutto quello che c'era da imparare. Ora basta, cortesemente. Grazie. Chiusa parentesi.

Inutile fare la strafiga, specie quando non lo sei. Quando qualcuno tradisce la tua fiducia, soffri. E quando quel qualcuno è quello che reputavi essere il tuo principe azzurro, stai da schifo. C'è poco da fare.

Pensi "sicuramente c'è un'altra di mezzo". E probabilmente è vero. Ma è anche vero che se il tuo uomo rivolge le sue attenzioni ad un'altra vuol dire che non era già il "tuo" uomo da un pezzo. I cambiamenti repentini non esistono. Nascono piano piano. E ci vuole coraggio ed onestà per ammetterli. Due doti che ho scoperto essere passate di moda. Tra l'altro penso a quest'altra e, da donna, non posso non provare dispiacere pensando che sta per incastrarsi con uno dei tanti bugiardi. Ma poi alla fine mi dico "beh, che solo io??!!".

Una delle cose che ho capito in questi ultimi anni è stata questa: non sono wondewoman, insomma, non sono una superdonna, una single convinta, una che sta meglio da sola. No. Sono una donna maledettamente romantica, che sogna (ancora, nonostante tutto, incredibile, vero??!!) l'amore, il poter condividere con qualcuno risate e (ogni tanto) lacrime (poche, mi raccomando). Con qualcuno, dicevo. Non con chiunque. E allora va bene anche la "singletudine". Diciamo che sono una single che sta cercando di smettere. Decisamente meglio. Anche perché non nascondo che ho ricominciato ad assaporare i piccoli piaceri dell'essere single. Innanzitutto ho ritirato fuori dal cassetto…tadàààà! I mitici pigiamoni! Che goduria! Lo so, non dovrei dirlo, ma con un uomo accanto non dico che dovresti fare la panterona, ma almeno evitare il pigiama con la stampa di Brontolo o della mucca Clarabella, mi pare doveroso. Sennò se poi se ne va, non ha tutti i torti, il pover'uomo. Ma ora è tutto diverso, la schifezzetta bipede se l'è data a gambe e io, ebbene sì, ho provato un certo piacere nell'indossare di nuovo i miei pigiamoni confortevoli e tanto confortanti. Senza contare che ci sono anche vantaggi pratici: spendo meno per fare la spesa, consumo meno detersivi per la lavatrice e meno carta igienica (si sa, gli uomini non soffrono di stitichezza come noi donne)!

Ammetto che mi sono anche chiesta, tristemente, “Dove ho sbagliato??”, ma la risposta è sempre la stessa: “Uomo. Ho sbagliato uomo”.

E così, alla fine di questo periodo buio ho incontrato Freddy. Premetto che ho un amore viscerale per gli animali e per i cani in particolar modo, tanto che nel corso degli anni ho sempre portato a casa qualche trovatello, abbandonato da uno dei tanti bipedi senza cuore. Per caso (che poi “caso” non è mai) sono entrata in contatto con un’allevatrice che aveva una cucciolata di bassotti. Fin da bambina, dai tempi di “Johnny bassotto”, amo questa razza di cani: piccoli ma di carattere. E così non ho resistito. Quando quel nanerottolo scodinzolante è venuto incontro a me e a mio figlio, non siamo stati capaci di lasciarlo lì. In fondo, qualche mese prima, avevo venduto la moto, la mia amata Harley, per far fronte ad esigenze economiche e anche perché avevo deciso di chiudere un ciclo. E ora potevo anche farmi un regalo. Così Freddy è entrato a far parte della famiglia. Prepotentemente. Nel senso che è un tipetto niente male, piccolo ma con personalità e soprattutto, coccolosissimo. Ormai siamo in tre. Magari il terzo, in passato, lo avrei immaginato diversamente…ma va benissimo così, visti i precedenti!

E’ vero, lo riconosco: sono troppo sensibile. Ma mica scema. E neanche l’unica a cui sia capitato di essere stata ingannata. E’ inutile piangersi addosso pensando di essere dei miserabili, tanto quello (o quella) che ti frega sta sempre in agguato dietro l’angolo. E guai a cadere nella trappola della nostalgia! Il passato è passato. Se ha contato qualcosa solo per noi vuol dire che abbiamo fatto male i conti. Tutto qui. Io guardo avanti senza rimorsi, senza rimpianti e anche con quell’allegria e positività che mi contraddistinguono da sempre. Lui potrà fare lo stesso?

Mi diceva spesso che avrei dovuto scrivere una storia perché, diceva, ero brava nel raccontarle. Eccola qui la mia storia. Ora, buona lettura.

When nothing goes RIGHT…

…go LEFT!

www.ingramcontent.com/pod-product-compliance
Ingram Content Group UK Ltd.
Pitfield, Milton Keynes, MK11 3LW, UK
UKHW020216250726
13967UKWH00001B/19

9 781326 825539